BEI GRIN MACHT SICH IHR WISSEN BEZAHLT

- Wir veröffentlichen Ihre Hausarbeit,
  Bachelor- und Masterarbeit

- Ihr eigenes eBook und Buch -
  weltweit in allen wichtigen Shops

- Verdienen Sie an jedem Verkauf

Jetzt bei www.GRIN.com hochladen
und kostenlos publizieren

GRIN

Christina Schnee

Frère Roger und Taizé

GRIN Verlag

Bibliografische Information der Deutschen Nationalbibliothek:

Die Deutsche Bibliothek verzeichnet diese Publikation in der Deutschen National-
bibliografie; detaillierte bibliografische Daten sind im Internet über http://dnb.d-
nb.de/ abrufbar.

Impressum:

Copyright © 2008 GRIN Verlag GmbH
Druck und Bindung: Books on Demand GmbH, Norderstedt Germany
ISBN: 978-3-656-49217-7

Dieses Buch bei GRIN:

http://www.grin.com/de/e-book/232091/frere-roger-und-taize

GRIN - Your knowledge has value

Der GRIN Verlag publiziert seit 1998 wissenschaftliche Arbeiten von Studenten, Hochschullehrern und anderen Akademikern als eBook und gedrucktes Buch. Die Verlagswebsite www.grin.com ist die ideale Plattform zur Veröffentlichung von Hausarbeiten, Abschlussarbeiten, wissenschaftlichen Aufsätzen, Dissertationen und Fachbüchern.

Besuchen Sie uns im Internet:

http://www.grin.com/

http://www.facebook.com/grincom

http://www.twitter.com/grin_com

Inhaltsverzeichnis

1. Frère Roger

1.1 Sein Leben

Roger Louis Schutz-Marsauche wurde am 12. Mai 1915 in Provence in der Schweiz geboren und starb am 16. August 2005 in Taizé, Frankreich. Er war der Gründer und lebenslange Prior der ökumenischen Bruderschaft von Taizé (Communauté de Taizé). Sein Vater Karl Ulrich Schutz kam aus Bachs im Züricher Unterland und seine Mutter Amélie Henriette Schutz-Marsauche aus Burgund. Rogers Vater war reformierter Pfarrer, aber schickte seinen Sohn zu einer katholischen Witwe, damit diese ihren Lebensunterhalt sichern konnte.

1973 studierte Roger 3 Jahre lang evangelische Theologie in Straßburg und Lausanne. Am 20. August 1940 versteckte er mit seiner Schwester Geneviève und Freunden Flüchtlinge (Juden und Oppositionelle) vor den Nationalsozialisten in Taizé. Als 1942 die Gestapo das Haus besetzte, blieb Roger in der Schweiz bis zur Befreiung von Taizé 1944. Roger kam mit drei Freunden zurück nach Taizé und kümmerte sich um Kriegsgefangene und -waisen, was jedoch von der einheimischen Bevölkerung nicht positiv aufgenommen wurde. Dieses Engagement führte 1949 zur Gründung der Communauté de Taizé, einer ökumenischen Bruderschaft. 1951 stellte Roger die Regeln für Taizé auf. Dort ging es um ein Ethos der Tat, Selbstbeherrschung und die Befolgung von Beschlüssen der Gemeinschaft. Frère wollte keine eigene Theologie entwickeln, sondern plädierte auf die Versöhnung der christlichen Konfessionen. Sein Lebensziel war: „Lieben und es mit seinem Leben sagen.". Rogers besonderes Engagement war die Solidarität der christlichen Brüder mit dem Ärmsten der Armen. Daher kam es auch zu einer besonderen Zusammenarbeit mit Mutter Theresa.

Vom 28. August bis 2. September 1974 fand das erste „Konzil der Jugend" statt, wodurch Taizé weltweit bekannt wurde. Später wurde dieses Jugendtreffen zu einem „Pilgerweg des Vertrauens auf der Erde".

Am 16. August 2005, mit der Eröffnung des Weltjugendtages, wurde Frère Roger von einer psychisch kranken Rumänin tödlich verletzt. Dies geschah beim Abendgebet in der Versöhnungskirche der Communauté de Taizé.

Sein Nachfolger wurde der katholische Frère Alois, welcher schon acht Jahre vor Frère Rogers Tod von ihm ausgewählt wurde.

1.2 Communauté de Taizé

Die Communauté de Taizé (Gemeinschafft von Taizé) ist ein ökumenischer Männerorden in Taizé. Sie wurde 1940 von Frère Roger unter dem Eindruck des Zweiten Weltkrieges gegründet. Diese Gemeinschaft soll ein Zeichen der Versöhnung unter den Christen, den Menschen und den Völkern sein.

Sie besteht heute etwa aus einhundert katholischen und auch evangelischen Brüdern aus über 25 Nationen. Von ihnen leben etwa 1/3 in Elendsvierteln auf der ganzen Welt, die unter Armut und Spaltung leiden. Sie leben in Armenvierteln wie Asien, Afrika, Süd- und Nordamerika. Dort teilen sie die Lebensbedingungen der Bewohner und versuchen unter den Ärmsten das Zeichen der Liebe zu sein. Sie kümmern sich besonders um Straßenkinder, Gefangene, Sterbende und um Menschen, die unter Einsamkeit und Verlassenheit leiden. Die Ordensmitglieder leben zölibatär nach "evangelischen Räten" - Maßstäben, die der Bergpredigt entnommen sind. Dadurch, dass die Gemeinschaft durch die Einkünftige aus eigener Arbeit ihren Lebensunterhalt selber finanzieren wollen, lehnen sie jegliche Spenden und Schenkungen ab. Ihre persönlichen Erbschaften behalten sie nicht, sondern geben sie durch die Communauté den Armen.

Die Entwicklung des "inneren Lebens" einerseits, die "Solidarität mit den Menschen" andererseits sind Grundpfeiler der Gemeinschaft. Durch das Dasein der Brüder ist die Communauté ein konkretes Zeichen der Versöhnung unter gespaltenen Christen und getrennten Völkern geworden.

Bekannt wurde die Gemeinschaft von Taizé durch die Jugendtreffen, ausgerichtet in Taizé und von ökumenischen Orten Ende der 1950er Jahre. Zu den Jugendtreffen kommen jährlich etwa 200.000 Besucher verschiedener Nationalität und Konfession. Bei den Treffen sollen die Teilnehmer zum Denken angeregt werden, wie man Glauben und Engagement, geistliches Leben und Solidarität verbinden kann. Des Weiteren bekommen die Menschen ein Gespür für die Menschenrechte, für das internationale Bewusstsein, das Vertrauen in fremde Völker und für den Sinn für das friedliche Miteinander der verschiedenen Kulturen.

2. Taizé

Taizé liegt in Frankreich, in Südburgund. Seit Ende der fünfziger Jahre kommen zunehmend Jugendliche nach Taizé. Sie nehmen an den wöchentlichen Jugendtreffen, Gebeten und Gesprächsgruppen teil. Auch die Brüder der Gemeinschaft organisieren kleinere und größere Jugendtreffen in Asien, Afrika, Süd- und Nordamerika und in Europa. Dadurch wird der „Pilgerweg des Vertrauens auf der ganzen Erde" verstärkt.

2.1 Die Entstehung

1940 zog Frère Roger nach Frankreich, wo seine Mutter aufgewachsen war. Lange Zeit hatte er an Lungentuberkulose gelitten. Diese Krankheit gab ihm jedoch den Anstoß eine Gemeinschaft zu gründen, in der Einfachheit und Güte des Herzens als grundlegende Wahrheiten des Evangeliums gelebt werden.

Der Zweite Weltkrieg gab ihm ein Zeichen, dass er Menschen helfen müsse, die schweres durchzumachen haben. Dies tat auch schon seine Großmutter während des Ersten Weltkrieges. Im kleinen Dorf Taizé lies er sich nieder, um dort Menschen aufzunehmen, die auf der Flucht waren. Freunde in Lyon gaben seine Adresse weiter, damit auch weitere Hilfe suchende Menschen nach Taizé kommen konnten.

In Taizé konnte Roger ein Haus erwerben, welches schon seit Jahren leer stand. Seine Schwester, Geneviève, half ihm bei der Betreuung der Menschen.

Da es kein fließendes Wasser gab, musste das Trinkwasser aus dem Dorfbrunnen geholt werden. Das Essen war nicht besonders. Es gab meistens Suppe aus Maismehl. Das Mehl gab es bei einer Mühle in der Nähe sehr günstig.

Unter den Gästen gab es auch Juden und Agnostiker. Damit sie nicht in Verlegenheit gerieten, schlug Geneviève vor, dass jeder einzeln in seinem Zimmer betete. Auch Frère Roger zog sich zum Beten zurück. Zum Singen ging er oft in den Wald.

Da Frère Rogers Eltern von seiner und Genevièves Gefahr wussten, fragten sie einen pensionierten französischen Offizier, ob er auf ihre Kinder aufpassen könnte. Dies tat er auch und warnte 1942 die beiden Geschwister schnellstmöglich abzureisen, da Ihnen mit einer Verhaftung gedroht wurde.

2 Jahre später, 1944, kehrte Roger zurück nach Taizé. Er wurde mittlerweile von einigen Brüdern begleitet, die sich ihm angeschlossen haben, um mit ihm ein gemeinsames Leben zu beginnen. Dieses wollten sie auch in Taizé weiterführen.

1945 wurde ein Verein gegründet, der sich um Kriegwaisen kümmerte. Die Brüder von Taizé wurden gefragt, ob sie sich um ein paar Jungen kümmern könnten. Daraufhin bat Frère Roger seine Schwester Geneviève nach Taizé zurück zu kommen und auf die Kinder aufzupassen. Sie tat, was er befahl und wurde zur Mutter der Waisenkinder.

Allmählich kamen immer mehr Leute nach Taizé. Auch deutsche Kriegsgefangene wurden von den Brüdern Sonntags ins Lager eingeladen. Durch dieses intensive Zusammenleben entstand an Ostern 1949 die Gemeinschaft von Taizé. Die Brüder banden sich zum gemeinsamen Leben in Ehelosigkeit, materieller und geistiger Gütergemeinschaft und großer Einfachheit.

Mit den Jahren kamen immer mehr Gäste nach Taizé. Auch die Anzahl der jungen Menschen, zwischen 17 und 30 Jahren, steigt seit den 50er Jahren.

Seit 1966 wohnen auch Schwestern der Ordensgemeinschaft St. André in einem Nachbardorf. Diese katholische Gemeinschaft ist über siebenhundert Jahre alt und hat einen Teil der Aufgaben beim Empfang der Menschen übernommen.

Ab 1962 besuchten Brüder und Jugendliche von Taizé Menschen aus Mittel- und Osteuropa, die ihre Heimatländer nicht verlassen konnten. Diese Besuche wurden nach dem Mauerfall einfacher. Durch den Kontakt mit den Christen der Ostkirche, wurden diese noch wichtiger.

Auch andere Menschen, wie Kirchenverantwortliche kommen nach Taizè. Darunter zählen: Papst Johannes Paul II., nacheinander drei Erzbischöfe von Canterbury, orthodoxe Metropoliten, die vierzehn lutherischen Bischöfe Schwedens und zahllose Priester aus der ganzen Welt.

2.2 Jugendtreffen in Taizé

Die Zeit vom Frühling bis zum Spätherbst lockt jede Woche Jugendliche aus verschiedenen Teilen der Erde nach Taizé, um dort auf dem Hügel zu beten. Durch die Gemeinschaft suchen sie das Vertrauen unter den Menschen und wollen es notfalls stiften. Mit den vielen anderen Jugendlichen stellen sie sich die Frage nach dem Sinn des Lebens, sind unterwegs zu den Quellen des Vertrauens auf Gott.

Zu diesem gemeinsamen Abenteuer kommen in manchen Sommerwochen bis zu 5000 Jugendliche aus über 75 Ländern. Auch wenn sie wieder zu Hause sind, ist die Suche nach einem inneren Leben nicht beendet. Dort suchen sie weiter und sind eher bereit Verantwortung zu übernehmen, wo es notwendig ist die Erde bewohnbarer zu machen.

Die Jugendlichen sind in Taizé bei einer Commaunauté von Brüdern zu Gast, die sich mit einem lebenslangen „Ja" auf die Nachfolge Christi eingelassen haben. Es gibt nicht nur Brüder, sondern auch Schwestern. Die beim Empfang mitarbeiten. Dort wird man gastfreundlich empfangen, wie auch schon zu früheren Zeiten. Das Leitwort in Taizé lautet: „Inneres Leben und Solidarität mit den Menschen". In den gemeinsamen Gebeten, bei Gesang, Stille und persönlichem Nachdenken kann man sich der Gegenwart Gottes im eigenen Leben öffnen, inneren Frieden und einen Sinn fürs Leben suchen, neue Kraft schöpfen. Es herrscht ein einfaches Leben in Taizé. Durch die Gemeinschaft, aber auch Ruhe bleibt einem genügend Zeit Christus in seinem Alltag zu finden. Der Aufenthalt bietet auch Jugendlichen die Möglichkeit herauszufinden, wie man Christus für das ganze Leben nachfolgen kann und welche Berufung Gott einem ganz persönlich zugedacht hat.

Von Sonntag bis Sonntag nehmen Jugendliche am Leben von Taizé in Ruhe und Gemeinschaft teil.

Alle Menschen kommen dreimal täglich zu einem gemeinsamen Gebet zusammen in Stille und Gesang. Ein gemeinsames Frühstück, Mittag und Abendessen wird ebenfalls vorgeschrieben. Des Weiteren werden auch Bibeleinführungen von den Brüdern der Gemeinschaft gegeben. Nach einiger Zeit bilden sich auch Gesprächsgruppen zum persönlichen Nachdenken. Es finden auch Nachmittags Thementreffen statt, die sich mit den Themen „Ist Verzeihen möglich?", „Globalisierung als Herausforderung", „Wie kann ich auf den Ruf Gottes antworten?", „Welches Europa wollen wir?" befassen. Zusammenkünfte zu Themen aus der Kunst und Musik werden ebenfalls angeboten. Es hören sich alle mit viel Zeit und Ausdauer zu. Durch große Vielfalt an Kulturen und christlichen Überlieferungen stellt sich heraus, dass Wege zu tiefgehender Einheit offen stehen.

Die Jugendlichen müssen im Dorf bei den anfallenden Arbeiten mithelfen (kochen, putzen, Essen verteilen, spülen etc.).

Zwei Aspekte von Gemeinschaft sind in Taizé untrennbar miteinander verbunden. Die Gemeinschaft mit Gott im Gebet und persönlichem Nachdenken sowie Gemeinschaft und Solidarität zwischen den Völkern. Die Jugendlichen sollen ein persönliches Engagement für die Welt bekommen, damit sie die Spaltung, Gewalt und Vereinsamung mit Vertrauen dämpfen und durch Frieden Ruhe stiften können.

Eine Woche in Taizé läuft folgendermaßen ab:

Von Montag bis Freitag

- 8.15 Morgengebet, anschließend Frühstück
- 10.00 Einführung durch einen Bruder der Communauté, anschließend Zeit
  zum persönlichen Nachdenken bzw. Gespräch in Kleingruppen
- 12.20 Mittagsgebet, danach Mittagessen
- 14.00 Einüben der Gesänge
- am Nachmittag: Gesprächsgruppen bzw. Mithilfe bei den praktischen
  Arbeiten
- 17.15 Tee
- 17.45 Thementreffen (ab Dienstag, welche freiwillig sind)
- 19.00 Abendessen
- 20.30 Abendgebet, danach Nachtruhe
- Am Freitagabend anschließend an das Abendgebet: Gebet vor dem Kreuz.

Samstag: vormittags wie unter der Woche, dann
- 15.15 Themengruppen
- 20.30 Abendgebet mit dem Osterlicht

Sonntag
- 8.45 Frühstück
- 10.00 Gottesdienst
- 13.00 Mittagessen
- 19.00 Abendessen
- 20.30 Abendgebet

2.3 Unterkunft und Essen

In Taizé gibt es verschiedene Arten von Unterbringung.

Zum einen kann man in den Baracken wohnen. Davon gibt es einige hundert Stück. In einer Baracke sind in der Regel sechs Personen untergebracht. Jedoch gibt es auch Baracken für 4, 8, 10 oder 12 Personen. In einer Baracke befindet sich Doppelstockbetten und ein Metallregal. Auf dem Bett liegt nur eine Matratze, weshalb eigene Bettwäsche oder ein Schlafsack erforderlich wäre. Außerdem gibt es mindestens ein Schiebefenster und eine Heizung. Das Licht kommt von einer Neonröhre an der Decke.

Zum anderen kann man in eigenen Zelten oder auch in den von Taizé gestellten Zelten übernachten. In den Taizézelten können Personen von 2-20 Mann Platz finden. Die Zelte sind fest installiert und stehen von März bis Oktober auf dafür vorgesehenen Zeltplätzen. Waschmöglichkeiten gibt es auf den Zeltplätzen oder auch in den Barackenbereichen. Steckdosen gibt es in der Kirche oder auch in den Waschgelegenheiten.

Das Frühstück besteht aus einem Baguettebrötchen, einem Stück Butter und einem Stück Blockschokolade (nur Sonntags: Erdbeermarmelade).

Wahlweise kann man sich entweder eine Schale Taizétee oder Kakao aussuchen. Es gibt kein Tablett oder Besteck, wofür man dann selber sorgen muss.

Das Mittag- und Abendessen besteht jeweils aus einer Portion warmen Essen. Es gibt meistens Eintopf, Reis mit Mais und Schinken oder Kartoffelpüree mit einem Stück Fisch. Dazu bekommt man noch 2-3 Baguettescheiben, Frischkäse, ein kleines Käsestück oder einen Joghurt, 1-2 Kekse, 1 Obstteil (Orange, Apfel oder Birne). Zum Mittag- und Abendessen erhält man auch ein Tablett, eine Taizéschale für Wasser und einen Löffel.

2.4   Gebete und Gesänge

Durch die Gesänge in Taizé findet eine wesentliche Form der Suche nach Gott statt. Durch die kurzen, aber sehr oft wiederholten Gesänge wird eine Atmosphäre geschaffen, in der man in Ruhe beten kann. Die Gesänge bestehen aus wenigen Wörtern, damit man den Grundgedanken schnell erfassen kann. Man kann von einem meditativen Singen sprechen, dass ohne jegliche Ablenkung das Beten zu Gott einfach macht. Ein Lied wird meistens 10 Minuten lang in verschiedenen Sprachen gesungen. Die Jugendlichen können jeder Zeit im Gesang mit einstimmen und somit den Kontakt zu Gott aufnehmen. Durch die Gesänge und die Stimmen, die sich im Gesang vereinen, kann man die „Freude des Himmels auf der Erde" spüren.

Auch während der Arbeit, den Gesprächen und in der Freizeit können die Gesänge noch weiter im Inneren des Menschen klingen. Somit setzen sie das Gebet in der Stille fort.

Dreimal am Tag läuten die Glocken von Taizé und die Menschen werden auf den Hügel zum Gebet gerufen. Dann werden die Arbeiten, Bibelstunden und Gespräche unterbrochen. Hunderte oder auch tausende von Jugendlichen aus verschiedenen Ländern beten dann zusammen mit den Brüdern der Communauté. Die Bibelstellen werden in mehreren Sprachen gelesen. Im Gebet findet eine lange Stille statt, wo jeder eine einzigartige Gelegenheit hat Gott zu begegnen. Viele der Jugendlichen fühlen sich durch die lange Stille gestärkt.

3. Schlusswort

Meine Gemeinde bietet jedes Jahr eine Jugendfahrt nach Taizé an. Diese findet meistens in der Woche nach Ostern statt.

Weiterhin finden Taizé-Gebete statt, wo jeder dran teilnehmen kann.

Literaturverzeichnis

- http://www.kathweb.de/port/artikel/240.php
- www.taize.fr
- http://de.wikipedia.org/wiki/Fr%C3%A8re_Roger
- http://www.heiligenlexikon.de/BiographienR/Roger_Schutz.html
- http://www.taizeinandechs.de/uber_Taize/uber_taize.html

- Informationszettel aus Taizé
- Erfahrungsberichte